**Hallo!**

In der Geschichte findest du an einigen Stellen Profifragen zum Text.

Deine Antworten kannst du mit einem Lesezeichen überprüfen. Das kannst du hinten aus dem Buch herausnehmen.

Es ist dein Lösungsschlüssel!

Aus Verantwortung für die Umwelt hat sich der Fischer Kinder- und Jugendbuch Verlag zu einer nachhaltigen Buchproduktion verpflichtet. Der bewusste Umgang mit unseren Ressourcen, der Schutz unseres Klimas und der Natur gehören zu unseren obersten Unternehmenszielen.

Gemeinsam mit unseren Partnern und Lieferanten setzen wir uns für eine klimaneutrale Buchproduktion ein, die den Erwerb von Klimazertifikaten zur Kompensation des $CO_2$-Ausstoßes einschließt.

Weitere Informationen finden Sie unter: www.klimaneutralerverlag.de

Weitere Informationen zum Kinder- und Jugendbuchprogramm der S. Fischer Verlage finden Sie unter: www.fischerverlage.de

FSC www.fsc.org
MIX
Papier aus verantwortungsvollen Quellen
FSC® C043106

4. Auflage 2022

Erschienen bei FISCHER Duden Kinderbuch



Lektorat: Sophia Marzolff
Fachberatung: Ulrike Holzwarth-Raether
Gestaltungskonzept und Layout:
Farnschläder & Mahlstedt, Hamburg
Umschlagkonzept: Frauke Schneider, Wittighausen
Umschlaglayout: Mischa Acker, Brühl

Druck und Bindung:
Grafisches Centrum Cuno GmbH & Co. KG, Calbe
Printed in Germany
ISBN 978-3-7373-3256-9

Leseprofi

# Fußballhelden

**THiLO**

mit Bildern von Michael Bayer

FISCHER Duden Kinderbuch

JAKOB
TURGUT
DANIEL
LINUS
SERGIO
FRANTEK
MAHMUT
DIE BUNTEN KICKER

# Inhalt

# 1. Der Schock

Jakob liebt dieses Gefühl!
Er steht mit seinem Team
am Spielfeldrand und wartet.
Nur noch wenige Minuten
bis zum Anpfiff.
Die Schuhe sind geputzt,
die Hosen gebügelt.
Und vor allem:
Der Ball ist viel zu sauber.
Er muss dringend ein bisschen
hin und her geschossen werden!

Vor Jakob steht Daniel.
Er ist der Kapitän
der besten Mannschaft der Welt:
der Bunten Kicker.
Sie haben sich so genannt,
weil bei ihnen Jungs
aus vielen Ländern spielen.

Turgut ist aus der Türkei.

Sergio aus Brasilien.

Die Eltern von Frantek

kommen aus Polen.

In der Mannschaft

spielt auch Linus.

Das ist Jakobs bester Freund.

Endlich gibt der Schiri das Zeichen.
Jakob grinst siegesgewiss.
Er ist mit Leib und Seele Fußballer.
Alle sagen,
er hat verdammt viel Talent.
Auch sein Trainer sagt das.
Und heute geht es
gegen ihren Lieblingsgegner:
den TUS Süd.

Die Spieler laufen auf den Platz.
Auf der Tribüne stehen
vierzig Zuschauer.
Eltern, aber auch Fremde.
Jakob nimmt sich fest vor,
ihnen heute etwas zu bieten.
Er wird alles geben!
So wie Marco Reus und Mario Götze,
seine großen Vorbilder.
Daniel steht im Mittelkreis.
Der Schiri wirft seine Münze.

„Die haben Anstoß!“,
verkündet Daniel.
Jakob geht auf Position.
Er spielt am liebsten rechts außen.
Linus steht links außen.
Turgut ist der Mittelstürmer.
So knacken sie jede Abwehr.
Jakob sieht seine Freunde an.
„Turgut, Linus?“, ruft er.
„Seid ihr bereit für einen Sieg?“

Natürlich nicken die beiden.
„Die hauen wir weg!“,
sagt Turgut und hebt den Daumen.
Auch Linus nickt.
Er scharrt schon mit den Füßen,
wie ein Stier vor dem Angriff.
Dann ist endlich Anpfiff.
Die Spieler vom TUS Süd
kicken sich den Ball zu.
Turgut sprintet dazwischen.
Aber die Stürmer haben aufgepasst.

Der Mittelstürmer vom TUS Süd
schlägt Haken wie ein Hase.
Der Ball klebt beinahe an seinem Fuß.
An Turgut ist er schon vorbei.
Jetzt auch an Linus.
Jakob müsste quer
über den Platz laufen,
um ihn zu stoppen.
Er tut es!
Er hetzt ihm hinterher
und nimmt ihm
den Ball ab.

## Profifrage 1

Der Mittelstürmer schlägt Haken.
Was heißt das?

- Er boxt sich durch.
- Er schlägt etwas in Stücke.
- Er ändert im Laufen plötzlich die Richtung.

Jakob rennt ein Stück
mit dem Ball am Fuß.
Der TUS Süd rückt vor.
Jakob schießt den Ball zur Seite.
Genau in den Lauf von Linus.
Die Gegner umzingeln ihn.
Aber hinter ihrem Rücken
hat sich Turgut angeschlichen.
Er kriegt den Ball –
und es steht 1:0!

Jakob jubelt.

Turgut und Linus zeigen auf ihn.

„Das war eine super Vorlage

von dir!“, ruft Turgut.

Auch Christof klatscht,

der Trainer der Bunten Kicker.

„Das war dein Tor, Jakob!“,

lobt er.

Jakob könnte platzen vor Stolz!

Und genauso flott geht es weiter.
Linus trifft zweimal.
Daniel schießt einen Freistoß.
Aus der zweiten Reihe.
Erst denken alle,
der Ball geht übers Tor.
Aber dann senkt er sich
und geht genau unter die Latte.
Zur Pause steht es bereits 4:0.
Kurz vor Schluss steht es 6:2.
Jakob hat drei Tore vorbereitet.
Aber er will mehr.

## Profifrage 2

Was ist hier mit Stollen gemeint?

- ein unterirdischer Gang
- die Stöpsel an Sportschuhen
- ein Weihnachtsgebäck

Er umspielt zwei Gegenspieler.
Dann schießt er los.
Unhaltbar landet der Ball im Netz.
„Stellt schon mal
die Siegerlimo kalt!“, johlt er.
Doch da passiert es:
Daniel, der Kapitän, bleibt
mit seinen Stollen
im Rasen hängen.
Er schreit laut auf vor Schmerz.
Und bleibt liegen.

## 2. Chaos-Training

Die Mannschaft steht unter Schock.
Daniel muss mit der Bahre
vom Feld getragen werden.
Das Spiel interessiert jetzt
niemanden mehr.
Der Schiri redet mit beiden Trainern.
Dann pfeift er ab.
Auch der TUS Süd ist erschrocken.
Alle drücken dem Kapitän
der Bunten Kicker die Daumen.

Beim nächsten Training verkündet
es Trainer Christof allen:
„Daniels Fuß ist gebrochen“,
sagt er betroffen.
„Er kann mindestens ein halbes Jahr
nicht Fußball spielen!“
Die Nachricht haut alle um.

Während des ganzen Trainings
sind alle bedrückt.
Ihnen gelingt einfach gar nichts.
Jakob kloppt den Ball
andauernd übers Tor.
Mahmut lässt als Torwart auch
die mickrigsten Kullerbälle durch.
Und die Pässe von Linus
landen in den Büschen.

## Profifrage 3

Was stimmt?

- Jakob schießt unters Tor.
- Linus landet in den Büschen.
- Mahmut lässt die Bälle durch.

Dabei ist doch am Sonntag
so ein wichtiges Spiel!
Es geht im Pokal-Halbfinale
gegen den FC Bonzenheim.
Und gegen den haben die Bunten Kicker
noch nie gewonnen.

Christof sieht sich das Gekicke
noch eine Weile lang an.
Dann schüttelt er den Kopf.
„Leute, so wird das
am Sonntag nichts!“, ruft er.
„Der FC Bonzenheim ist topfit.
Wir nicht.“
Jakob will widersprechen,
aber Christof hat ja recht.
Sie sind eben völlig geschockt.

Als der Ball dann auch noch
durch Mahmuts Beine kullert,
pfeift Christof.
„Kommt zusammen!“,
ruft der Trainer.
Mit hängenden Köpfen
schleichen alle Spieler zu ihm.
Keiner ist mit sich zufrieden.
Aber alle können nur an
Daniels gebrochenen Fuß denken.

„Daniel ist ein toller Spieler“,
sagt Christof.
„Doch jetzt müssen wir
ohne ihn klarkommen.“
Jakob, Linus und die anderen nicken.
„Sonntag ist ein sehr wichtiges Spiel
gegen den FC Bonzenheim“,
redet Christof weiter.
„Und wir brauchen
einen neuen Kapitän!“

Alle Bunten Kicker setzen sich
in den Mittelkreis.
„In den nächsten sechs Monaten
ist Daniel nicht bei uns“,
sagt der Trainer.
„Wer will bis dahin Kapitän sein?“

Jakob denkt gar nicht nach.
Sein Arm schnellt automatisch
in die Höhe.
„Daniel war ein guter Kapitän“,
denkt Jakob.
„Aber ich bin es auch!“
Auch sein Freund Linus meldet sich.
Frantek ebenfalls.
„Okay“, sagt Christof.
„Dann machen wir
eine richtige Wahl.“

Jeder aus der Mannschaft
bekommt von Christof einen Zettel.
„Darauf schreibt ihr,
wer neuer Kapitän sein soll.
Nur euch selbst dürft ihr
natürlich nicht wählen“,
erklärt der Trainer die Regeln.
Alle nicken.
Jakob beißt die Zähne zusammen.
Er wäre so gerne Kapitän!

**Profifrage 4**

Wie gehen die Spieler bei der Wahl vor?

- Sie wollen sich nicht selbst wählen.
- Sie dürfen sich nicht selbst wählen.
- Sie müssen sich nicht selbst wählen.

Jakob denkt nach.
Wen außer sich selbst
hält er für einen guten Kapitän?
Dann schreibt er LINUS
auf sein Blatt.
Was die anderen schreiben,
sieht er nicht.
Es ist furchtbar spannend!

Endlich kommt die Auszählung.
Christof zieht einen Zettel
nach dem anderen.
Am Ende ist es ganz knapp:
Linus hat sieben Stimmen,
Jakob sechs.
Jakob will seinem Freund
schon gratulieren.
Da meldet sich Mahmut:
„Trainer, so geht es nicht“,
sagt er.
„Daniel gehört auch zum Team.
Er muss auch mit abstimmen!“

# 3. Krankenbesuch

Alle finden Mahmuts Idee toll.
Sogar Linus.
Obwohl er nun nicht gleich
der neue Kapitän wird.
Aber fair muss die Wahl sein!

„Sollen wir Daniel anrufen?“,
fragt Sergio.
Aber Jakob weiß etwas Besseres:
„Wir machen einen Krankenbesuch!“

Eine halbe Stunde später steht eine
ganze Horde Jungs im Krankenhaus.
„Auf welchem Zimmer
liegt unser Freund Daniel?“,
fragen sie die Krankenschwester.
Schwester Jutta lacht.
„So viel Besuch
hätten alle Patienten gerne!“,
sagt sie.
Dann führt sie die Bunten Kicker
zu Zimmer 247.

Jakob klopft an die Tür.
Alle anderen sind ganz still.
„Herein!“,
klingt es leise aus dem Zimmer.
Jakob öffnet ganz langsam.
„Hallo, Daniel“,
begrüßt er ihren alten Kapitän.
„Störe ich?“
Daniel legt seinen Comic weg.
„Nein“, antwortet er überrascht.
„Komm rein!“

Im nächsten Moment stürmen
16 Bunte Kicker ins Zimmer.
Drei setzen sich auf Daniels Bett.
Sechs hocken sich auf die Fensterbank.
Fünf quetschen sich auf den Tisch.
Der Rest nimmt die Stühle.
Daniel geht es sofort besser.
„Mann, was machst du für Sachen!“,
sagt Jakob. „Du fehlst uns!“
Die anderen Spieler nicken.

### Profifrage 5

Wie viele Jungs sitzen auf den Stühlen?

- zwei weniger als auf dem Tisch
- drei weniger als auf Daniels Bett
- vier weniger als auf der Fensterbank

Dann muss Daniel alles erzählen.
Von der Fahrt mit dem Krankenwagen.
Von der Operation.
Und von der Schraube,
die nun in seinem Fuß ist.

„In sechs Monaten
kann ich wieder trainieren!“,
freut sich Daniel.
Die Bunten Kicker sind froh,
weil Daniel nicht zu traurig ist.
„Wir haben noch eine wichtige Frage“,
sagt Jakob schließlich.
„Wir brauchen leider einen
neuen Mannschaftskapitän.“
Daniel nickt. „Ja, das hab
ich mir auch schon gedacht“, sagt er.
„Wer steht denn zur Wahl?“

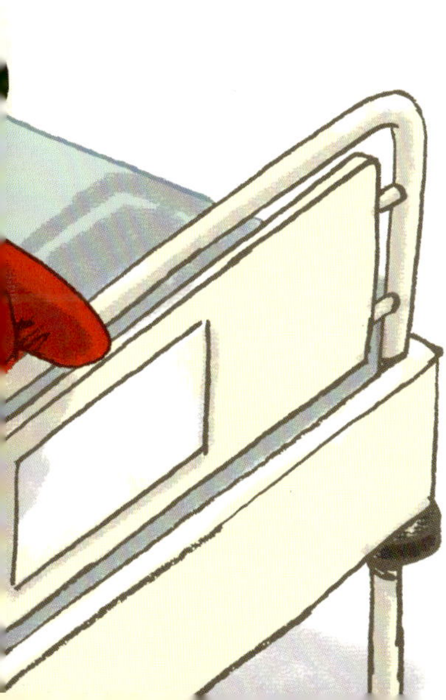

Mahmut erklärt Daniel,
wie die Wahl bisher gelaufen ist.
„Nur Jakob und Linus
sind noch im Rennen“,
berichtet er.
„Aber deine Stimme
zählt ja auch immer noch.“
Daniel nickt.
Die Entscheidung fällt ihm schwer.

Daniel sieht lange zwischen Linus
und Jakob hin und her.
„Mann, ihr seid doch beide super!“,
stöhnt er nach einer Weile.
Dann macht er die Augen zu
und zählt ab.
„Ene, mene, miste …“
Sein Finger landet schließlich
auf Jakob.

**Profifrage 6**

Was ist „Ene, mene, miste …“?

- ein Rätsel
- ein Abzählvers
- ein Lied

In dem Moment klopft es
an der Tür.
Christof kommt rein,
mit Kuchen für alle.
„Und, wen hast du gewählt?“,
fragt der Trainer.
„Das Los ist auf Jakob gefallen“,
erklärt Daniel.
Christof seufzt:
„Dann steht es 7:7 für die beiden.“

Frantek spielt nervös mit dem Ball.
„Haben wir jetzt zwei Kapitäne?“,
fragt er.
Alle lachen.
Aber Christof macht
ein ernstes Gesicht.
„Das geht leider nicht“,
sagt er.
Aber dann hat er eine Idee:
„Kapitän wird, wer am Sonntag
die meisten Tore schießt!“

# 4. Wer wird Kapitän?

Es ist Sonntag: Spieltag!
Jakob steht am Spielfeldrand.
Heute liebt er das Gefühl nicht.
Der FC Bonzenheim ist saustark.
Außerdem geht es diesmal um mehr.
Wer wird Kapitän?
Endlich winkt der Schiri.
Die beiden Teams laufen
auf den Platz.

„Kapitäne zu mir!“,
ruft der Schiedsrichter.
Linus, Turgut, Jakob und
die anderen sehen sich an.
„Wir haben keinen“,
grummelt Jakob.
Der Kapitän von Bonzenheim lacht.
„Ach ja“,
erinnert sich der Schiri.
„Dann komm du her, Turgut!“

Turgut hat Pech mit der Münze:
Sie müssen zuerst
gegen die blendende Sonne spielen.
Jakob sieht zu Linus.

Der ist eigentlich sein bester Freund.
Aber heute sein schärfster Gegner –
obwohl er im gleichen Team spielt.
„Du musst mehr Tore schießen
als Linus!“, sagt Jakob zu sich selbst.
Dann geht es los.

Jakob rennt und ackert.
Der FC Bonzenheim ist
wie erwartet ein schwerer Brocken.
Die Abwehr der Bunten Kicker
hält lange dicht.
Aber dann taucht einer der Gegner
im Strafraum auf.
Alleine vor Torwart Mahmut.
Der kann sich so groß machen,
wie er will.
Schon steht es 0:1.

Jakob klatscht in die Hände.
„Weiter, immer weiter!“,
feuert er sein Team an.
Er schiebt den Ball
zu Turgut.
Der rennt in den Strafraum.
Aber einer von Bonzenheim
beißt sich an ihm fest.
Jakob schnappt sich die Kugel.
Und drischt sie unaufhaltsam
ins Tor.

„1 : 1!“, jubelt Jakob
und ballt die Faust.
Er sieht zu Linus hinüber.
Sonst werfen sich immer alle
begeistert auf den Torschützen.
Aber Linus nickt nur.
Klar, Jakob ist ja nun
schon fast Kapitän …

**Profifrage 7**

Warum nickt Linus nur?

- Er ist beleidigt.
- Er ist erstaunt.
- Er ist enttäuscht.

Der FC Bonzenheim
geht noch mal in Führung.
Aber Sergio gelingt der Ausgleich.
Zur Pause steht es 2:2.
„Super, Männer!“,
lobt Christof.
„Ihr macht es denen nicht leicht.
Linus, Jakob, denkt dran:
Wer die meisten Tore schießt,
ist Kapitän.“

Gleich nach dem Anstoß zur
zweiten Halbzeit passiert es:
Mahmut wirft vom Tor aus den Ball,
Frantek kickt ihn weiter
und Linus bekommt ihn.

Er rennt an der Außenlinie entlang.
Dann zieht er nach innen.
Linus umspielt zwei Gegner,
dann schießt er.

Jakob sieht,
wie der Ball immer weiter fliegt.
Der Torwart von Bonzenheim
hat sich verschätzt.
Linus' Schuss landet im Netz.
Sie führen mit 3:2.
Aber blöd:
Jakob kann sich gar nicht
richtig freuen.

Jakob und Linus –
jeder hat nun ein Tor geschossen.
Geht es schon wieder unentschieden
zwischen den beiden aus?
Aber noch ist ja nicht Schluss.
Der FC Bonzenheim macht Druck.
Sie wollen nicht verlieren.
Nach einem Patzer von Sergio
fällt der erneute Ausgleich.

Christof treibt sein Team nach vorne.
„Haut rein!“, brüllt er.
„Die können wir heute knacken!“
Auch Jakob spürt es:
Noch nie waren sie einem Sieg
gegen Bonzenheim so nahe.
Aber die Spieler sind
am Ende ihrer Kräfte.
Wird es beim 3:3 bleiben?

Da landet der Ball irgendwie
noch einmal bei Jakob.
Eigentlich kann er auch nicht mehr.
Aber der Gedanke an den Sieg
gibt neue Kraft.
Er rennt auf das Tor zu.
Zwei Verteidiger umkurvt er
wie Slalomstangen.
Der Weg zum Tor ist frei!

Die Gedanken rasen durch Jakobs Kopf:
„Wenn du den reinmachst,
bist du Kapitän!“
Aber der Winkel ist verdammt spitz.
Das könnte auch danebengehen.
Da sieht er Linus in der Mitte stehen.
Völlig frei.
Wenn Jakob zu ihm passt,
ist der Ball drin.
Aber: Dann ist Linus Kapitän ...

Was ist nun wichtiger?
Der Sieg?
Oder die Ehre, Kapitän zu sein?
Jakob entscheidet sich
für die Mannschaft.
Er flankt den Ball in die Mitte.
Linus köpft das Siegtor.
Dann ist Abpfiff.

### Profifrage 8

Warum flankt Jakob den Ball zu Linus?

- Weil er sein Freund ist.
- Weil das Siegtor damit sicher ist.
- Weil der Weg zum Tor nicht frei ist.

„Gratuliere!“,
sagt Jakob matt.
„Zum Siegtor und zum Kapitän.“
Aber die Mannschaft ist
anderer Meinung.
„Eigentlich müsste Jakob
Kapitän werden“,
findet Mahmut.
„Bei ihm geht das Team vor,
nicht er selbst.“

Trainer Christof lächelt.
„Jungs, eure Idee
ist besser als meine“,
gibt er zu.
„Einem Kapitän ist das Team wichtig.
Nicht nur er selbst.“
Er legt Jakob die Hand
auf die Schulter.
„Nimmst du die Wahl an?“,
fragt Christof.
Jakob nickt stolz.

Frantek steigt auf die Bank.
„Dann ein Hoch
auf unseren neuen Kapitän Jakob!“
Alle applaudieren, auch Linus.
„Trotzdem hoffe ich,
dass Daniel bald wieder fit ist“,
ruft Jakob. „Und dass Linus
mein bester Freund bleibt.“
Als Antwort legt Linus ihm
den Arm um die Schulter.
Lachend beginnen die Bunten Kicker
mit der Siegesfeier.

# Für Vollprofis

Jetzt ist die Geschichte zu Ende.
Hier geht's mit Rätseln für Vollprofis weiter!
Die Lösungen findest du auf der Rückseite.

1. Weißt du Bescheid?

♥ Wie lange dauert ein Fußballspiel?

70 Min. 60 Min. 90 Min.

■ Wie lange dauert eine Halbzeit?

45 Min. 30 Min. 35 Min.

▲ Mit welchem Schuss beginnt ein Fußballspiel?
– mit einem Freistoß
– mit einem Anstoß
– mit einem Startschuss

● Womit endet ein Fußballspiel?
– mit dem Abpfiff
– mit dem Abwurf
– mit dem Abklatsch

## Für Vollprofis

**2.** Was kann man knacken?
Was kann man knicken?

| knacken | knicken |
|---|---|

ein Schloss
einen Zweig
einen Tresor
ein Foto
ein Streichholz
ein Auto
einen Strohhalm
ein Stück Papier
einen Geheimcode
eine Nuss

**Herzlichen Glückwunsch!**

Geschafft. Jetzt bist du ein echter Leseprofi! Noch mehr spannende Bücher findest du unter www.duden-leseprofi.de

**Lösungen**

1. ♥ 90 Min.
   ■ 45 Min.
   ▲ mit einem Anstoß
   ● mit dem Abpfiff

2. **knacken:** einen Tresor; ein Auto; eine Nuss; ein Schloss; einen Geheimcode
   **knicken:** ein Stück Papier; einen Zweig; einen Strohhalm; ein Foto; ein Streichholz

# Leseprofi von Duden – von Anfang an richtig

## 1. Klasse

**Jeweils 48 Seiten, gebunden.**

**Zwei Pferdegeschichten in einem Band. 96 Seiten**

- Das Geheimnis im Schuppen
  ISBN 978-3-7373-3468-6
- Ferien auf der Blaubeerinsel
  ISBN 978-3-7373-3472-3
- Eine Mumie geht zur Schule
  ISBN 978-3-7373-3447-1
- Ein Fohlen namens Schnuppe
  ISBN 978-3-7373-3470-9

## 2. Klasse

**Jeweils 64 Seiten, gebunden.**

- Diamantenklau im Hafen
  ISBN 978-3-7373-3471-6
- Eine Gruselnacht im Zelt
  ISBN 978-3-7373-3442-6
- Ein Schultag im alten Rom
  ISBN 978-3-7373-3467-9
- BMX und sonst nix!
  ISBN 978-3-7373-3374-0

Alle Duden Leseprofis finden Sie unter
**www.duden-leseprofi.de**

Das Lesezeichen ist dein Lösungsschlüssel für die Profifragen!

Für jede Antwort findest du ein Puzzleteil.

Wenn es zum Puzzle auf dem Lesezeichen passt, ist die Antwort richtig!